Sandra Puls

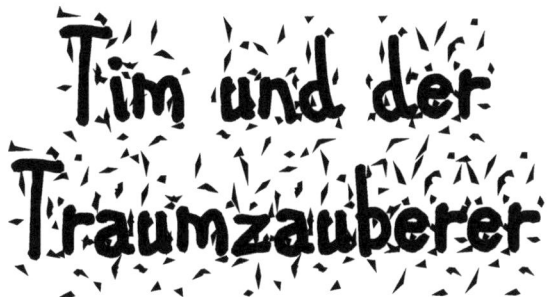

Bibliografische Information der Deutschen Nationalbibliothek:
Die Deutsche Nationalbibliothek verzeichnet diese
Publikation in der Deutschen Nationalbibliografie;
detaillierte bibliografische Daten sind im Internet
über http://dnb.dnb.de abrufbar.

Herstellung und Verlag: BoD – Books on Demand,
Norderstedt

ISBN: 978-3-**7481-1204-4**

# Kapitel 1

Als Tim an diesem Tag zur Schule geht, hat er wieder mal ein ungutes Gefühl im Magen. Er ist spät dran. Würden sie wieder da sein und auf ihn warten? Langsam schlurft er die enge Straße entlang und malt sich aus, wie es heute passieren würde.

Kaum war Tim um Ecke gebogen, sieht er sie schon unter dem gelben Schild des Kiosks stehen. Philipp, Noah, Leon und Lennart albern herum und versuchen, sich gegenseitig eine kleine leere Flasche durch die Beine zu schießen. Sie sehen ihn sofort. Enttäuscht blickt Tim zu Boden. Hat er doch irgendwie gehofft, heute mal an ihnen vorbei zu kommen.

„Hey, du Fettkloß", begrüßt ihn Leon. Die anderen lachen. Tim sieht nicht zu ihm auf und versucht, einfach an den Jungs vorbei zu gehen. Die vier lassen ihn jedoch nicht so einfach ziehen. Noah rempelt ihn so hart von der Seite an, dass Tims schwerer Rucksack von der Schulter rutscht und auf das Pflaster knallt. Es ist ein dumpfes Klirren zu hören. Das war dann wohl die Flasche mit dem selbstgemachten Himbeersirup seiner Mutter, die er nach der Schule noch bei Tante Ulla vorbeibringen sollte. Die anderen lachen wieder, außer Lennart.

Schnell nimmt Tim den Rucksack wieder auf und will weiter gehen, da stellt sich ihm Philipp in den Weg. Er ist der Stärkste von den Vieren. Wo Leon eher eine große Klappe hat, haut Philipp lieber gleich drauf. Vor ihm hat Tim am meisten Angst.

„Lass mich vorbei", sagt Tim leise, ohne Philipp direkt anzusehen. Der lächelt nur und sagt: „Gib mir fünf Euro, dann kannste gehen!" Tim hat keine fünf Euro, und selbst wenn er sie hätte, würde er sie Philipp bestimmt nicht geben. Er spart schon so lange für ein neues Konsolenspiel.

Zum Glück hört man schon von hier aus die Schulglocke und alle wissen, was ihnen blüht, würden sie auch nur eine weitere Minute zu spät kommen. Frau Weiland würde ihnen eine dicke Extrahausaufgabe aufbrummen. „Für heute haste noch mal Glück, Fettkloß", brüllt Philipp, als der mit Leon, Noah und Lennart sofort Richtung Schulgebäude davon rennt.

Von hier aus sind es nur noch ein paar Meter. Tim kommt nur schleppend voran. Zum einen trägt er viel mehr Kilos mit sich herum und zum anderen ist sein Rucksack heute ganz besonders schwer. Außerdem ergießt sich langsam aber sicher eine rötlich klebrige

Flüssigkeit aus einer Ecke seines Rucksacks. Den Himbeersirup kann Tante Ulla jetzt wohl vergessen. Hoffentlich hat das neue Mathebuch nicht zu viel abbekommen.

Der Tag schleicht so dahin. Wie die meisten Tage in Tims Leben. Jetzt terrorisieren diese Irren ihn schon seit vier Wochen. „Haben die nichts Besseres zu tun?", fragt er sich, als er abends in seinem Bett liegt. Obwohl Tim sehr müde ist, kann er nicht einschlafen. Oder besser gesagt, er will nicht einschlafen. Denn wenn er einschläft, besteht die Gefahr, dass wieder dieser Traum kommt.

Dieser eine Traum kommt oft. Fast jede Nacht. Und jedes Mal wacht Tim danach schweißnass auf und ist völlig verängstigt. Nachdem Tim sich noch ein paar Seiten aus seinem Vokabelheft angesehen hat, was dringend nötig war, siegt die Müdigkeit doch irgendwann. Nach so einem miesen Tag konnte es nicht anders kommen und Tim findet sich nach einer unruhigen Einschlafphase schnell auf der ihm bereits bekannten Straße wieder.

Sie sieht aus wie die Sternstraße auf dem Weg zur Schule, nur noch enger und düsterer. Dort, wo sie immer auf ihn warten. Tim erkennt das Schild am Kiosk. Aber jetzt ist es nicht gelb, sondern schwarzweiß. Es ist niemand auf der Straße zu sehen. Er ist allein.

Aber eben nicht ganz allein. Es ist hier auch irgendwo.

Tim kann es noch nicht sehen, aber er spürt seine Anwesenheit bedrohlich im Rücken. Gleich wird er wieder rennen müssen, was er am wenigsten gut kann. Tim dreht sich vorsichtig um und da steht es. Groß und schwarz, mit riesigen fletschenden Zähnen. Dieses Viech verfolgt Tim jetzt schon seit Wochen in jedem seiner Träume.

Eigentlich ist es immer dasselbe. Tim rennt die Straße entlang. Er weiß, dass es hinter ihm lauert und ihn verfolgt. Tim wird immer langsamer. Es scheint, als käme er nicht von der Stelle. Dieses schwarze Viech ist ihm dicht auf den Fersen. Es kommt immer näher. Tim hört sein schnelles Atmen direkt hinter sich. Dieses Geräusch treibt ihm eine Gänsehaut auf Arme und Beine. Er will schneller rennen, aber seine Füße kleben mit einer zähen klebrigen Masse am Boden fest. Er kann sie kaum heben. Mit aller Kraft versucht Tim, sich nach vorne zu schmeißen, aber vergeblich. Gleich wird dieses Monster ihn erwischen. Sein Herz klopft ihm bis in den Kopf, dann wird alles ganz heiß. Um ihn herum ist es auf einmal schwarz.

Tim reißt die Augen auf. Er ist nass geschwitzt. Sein Herz rast immer noch. Zum Glück ist es vorbei. Tim weiß, dass er jetzt schlafen kann, denn der Traum kommt niemals zweimal hintereinander. Trotzdem lässt es ihm keine Ruhe. Warum tyrannisiert ihn dieser Traum? Als hätte er nicht schon genug Probleme. Tim schaut durch sein kleines Dachfenster in den Abendhimmel. „Wenn ich nur wüsste, was das alles zu bedeuten hat?", fragt er leise in die Dunkelheit hinein.

Unruhe macht sich breit. Alle murmeln durcheinander. „Nein, er hat es noch nicht gesagt", meldet sich der kleine dicke Zauberer und hält sein Ohr noch dichter an den großen Spiegel. „Jetzt leidet er schon seit 29 Tagen", sagt Sapulius verbittert. Er kratzt sich mit dem dünnen langen Zauberstab an der Schläfe und flüstert: „Wir müssen etwas tun."

„Wenn er die richtigen Worte nicht spricht, können wir ihm nicht helfen", meldet sich der große weißhaarige Zauberer links neben Sapulius. Er erhebt sich und schreitet langsam durch die große Halle.

„Müssen wir denn so streng sein, meine Herren?", erwägt Jomilius mit sanfter Stimme.

„Es ist immer dieselbe Diskussion zwischen euch beiden", sagt ein dunkel gekleideter Zauberer aus einer Ecke.

„Pscht, er sagt wieder was", ruft der kleine dicke Zauberer vom Spiegel herüber.

Tim seufzt und reibt sich die müden Augen. Sein Herzschlag beruhigt sich nur langsam. Tim hat schon oft überlegt, wie er es schaffen könnte, den Traum zu verhindern. Er hat schon so vieles  ausprobiert. Letzten Samstag z.B. ist er extra vor dem Fernseher eingeschlafen, als seine Mutter eine Komödie sah. Sein erster Traum in dieser Nacht handelte nicht von den Figuren aus dem Film, sondern nur von dem schwarzen Viech.

Als Onkel Uli da war, wollte er die ganze Nacht aufbleiben, um so den Traum zu verhindern. Nach der vierten Runde ihres Kartenspieles ist Tim jedoch noch am Tisch eingeschlafen. Später in der Nacht fand er sich abermals auf der Straße mit dem schwarzweißen Kioskschild wieder.

Tim hatte seine Oma einmal erzählen hören, dass ein Glas warme Milch mit braunem Zucker vor dem Schlafengehen vor bösen Träumen schützt. Auch das hatte er ausprobiert, obwohl warme Milch nicht zu seinen liebsten Getränken zählt. Aber genützt hatte es auch nichts - außer, dass ihm die halbe Nacht schlecht war und das Viech in diesem Traum eine eher grünliche Farbe hatte. Jetzt setzt er sich in seinem Bett auf und atmet tief ein und aus. „Warum träume ich so einen Quatsch?", fragt er sich.

Ein Raunen geht durch den Saal. „Nein, nicht so!" jammert der kleine dicke Zauberer, das Ohr ganz nah am Spiegel. Er schlägt seine kleinen Hände auf die Schenkel und schüttelt enttäuscht den Kopf. Auch Sapulius guckt verzweifelt durch seine kleinen Brillengläser.

„Das können wir doch nun wirklich gelten lassen, meine Herren", sagt Jomilius ungeduldig.

Die Luft in der großen Halle schwirrt vor Stimmengewirr. Alle Zauberer reden jetzt durcheinander.

„Misalipus, bitte!", drängt Jomilius nun. Der große weißhaarige Zauberer stampft mit seinem langen Stab auf den Boden. Dieser Knall brachte das Durcheinander zum Schweigen. „Wir können keine Ausnahme machen", sagt er. „Wisst ihr nicht mehr, die kleine Marie hat fast sechs Monate von diesen Spinnen geträumt, wir hätten viel früher einschreiten können", gibt Jomilius zu bedenken.

„Ihr wisst aber auch, dass Marie es ganz ohne unsere Hilfe geschafft hat, sich von dem Traum zu befreien", kontert Misalipus.

„Wir greifen nur dann ein, wenn das Kind uns zur Hilfe ruft", gibt er weiter an.

„Aber woher wissen sie denn, was sie genau sagen sollen, um uns zu rufen?", fragt der dunkel gekleidete Zauberer aus der Ecke. Es ist ruhig im Raum, alle starren Misalipus an. „Sie wissen es einfach", sagt er knapp und schaut gedankenverloren auf seinen Zauberstab.

Tim ist schrecklich müde. Sein Körper ist durch die Angst so erschöpft, dass er sofort einschläft. In dieser Nacht kann er keine richtigen oder falschen Hilferufe mehr versenden.

# Kapitel 2

Am nächsten Morgen fühlt sich Tim mal wieder ausgepowert wie nach einem Marathonlauf. Sein Frühstück fällt dementsprechend knapp aus, denn er hat überhaupt keinen Hunger.

Tim greift nach der Tüte mit den Keksen von gestern. Das Müsli, das seine Mutter ihm hingestellt hat, bevor sie zur Arbeit ging, lässt er unbeeindruckt auf dem Küchentisch zurück. Nicht mal den Zettel mit dem lieben Gruß und den guten Wünschen für den Tag hat Tim wahrgenommen. Er läuft aus dem Haus, denn er ist wie immer spät dran.

Das Gute an diesen Typen ist, dass man sich auf sie verlassen kann. Als er um die Ecke biegt, warten sie bereits auf ihn, wie jeden Tag. Heute wird ihn die Klingel nicht retten können, denn so spät ist es auch noch nicht. Tim sieht sie von weitem und überlegt sich spontan einen anderen Ausweg. Er könnte einfach der Hauptstraße folgen und erst an der nächsten Ecke zur Schule abbiegen. Tim ändert spontan seine Richtung und läuft über die Straße.

Langsam geht er weiter, bis er an die nächste Ecke kommt. Hinter ihm ist es ruhig.

Vielleicht haben sie es nicht bemerkt. Oder sie haben keine Lust, ihm zu folgen. Wäre auch zu schön gewesen. Kaum hat Tim dies zu Ende gedacht, hört er ihre Schritte hinter sich. Und nicht nur das. „He, Fettkloß, glaubst du, du entkommst uns. Für wie blöd hältst du uns eigentlich?", hört er Leons Stimme. Jetzt fängt Tim an zu rennen. Hinter ihm werden die Schritte ebenfalls schneller. Die Fichtengasse ist noch enger und irgendwie dunkler als die Sternstraße. Sie ähnelt eher der Straße aus seinem Traum.

Tim läuft so schnell er kann. Seine Beine sind schwer und er kommt kaum von der Stelle. Hinter ihm werden die Stimmen lauter. „Gleich haben wir dich, Fettkloß." Tim ist außer Atem. Er dreht sich um und sieht die vier Jungs hinter sich. Ihr Anblick verschmilzt zu einer schwarzen Wand, die auf ihn zu rückt.

Dann erkennt er zwei rote Augen in der Wand. Die schwarze Masse rast auf ihn zu. Und nun sieht er nur noch eins. Das Viech aus seinem Traum. Es ist hier und verfolgt ihn. Wie konnte das passieren? Tim stolpert und stürzt zu Boden. Gleich wird es ihn erwischen und er wird nicht aufwachen können - wie aus einem bösen Traum. Alles wird schwarz.

Als Tim erwacht, liegt er auf einer Liege im Nebenraum des Sekretariats der Schule. Er erkennt den Raum sofort. Tim war schon oft hier. Als er nach dem Training für das Sport-fest völlig außer Atem zusammenbrach, war er hier. Ebenso, als Leon, Noah und Philipp ihm an der Treppe ein Bein stellten und er sich bei dem Sturz den Fuß verstauchte. Lennart war damals nicht dabei. Irgendwie gehört er auch gar nicht richtig zu denen. Er läuft eigentlich nur mit denen mit.

Aber Tim war auch schon mit einer Platz-wunde bei Frau Menger, der Sekretärin mit Krankenschwersternerfahrung. Das grelle Neonlicht sticht ihm jetzt in die Augen. Er richtet sich auf. Frau Menger kommt auf ihn zu.

„Geht es dir jetzt besser?", fragt sie liebe-voll.

„Was ist passiert?", will Tim wissen.

„Du bist ohnmächtig geworden auf dem Weg zur Schule", antwortet Frau Menger. Ohnmächtig, dachte Tim. Wie peinlich!

„Was hast du denn in der Fichtengasse gemacht?", fragt sie. „Wenn Lennart dich nicht gefunden hätte..."

„Gefunden?", fragt Tim verwirrt.

„Ja, er hat dich gefunden und Hilfe geholt. War doch sehr nett von ihm, oder?" Tim lief es kalt den Rücken herunter. Da ist er wegen denen mitten auf der Straße zusammenge-brochen und ohnmächtig geworden und diese Typen heimsen nun das Lob ein, ihn gerettet zu haben. Naja, eigentlich ja auch nur Lennart und der war doch gar nicht dabei oder? Warum der mir wohl geholfen hat?

Tim rutscht langsam von der Liege und nimmt seinen Rucksack. Frau Menger will ihm helfen. „Es geht schon. Alles wieder in Ordnung", sagt er schnell. „Vielen Dank noch mal, Frau Menger." Tim will nur noch raus.

„Du solltest dich bei ihm bedanken, Tim", sagt sie noch.

„Bedanken?", murmelt Tim.

Als er in seine Klasse kommt, lachen seine Mitschüler ihm lauthals entgegen. „Da kommt ja unser Weichei!", ruft Philipp. „Na du Waschlappen, biste ohnmächtig geworden?", schreit ihm Leon entgegen. Tim geht mit gesengtem Kopf zu seinem Platz.

Die Stunde ist schnell vorbei, denn Tim war sehr spät gekommen. In der nächsten Stunde steht  Sport auf dem Stundenplan. Tim hasst Sport noch mehr als diese Idioten. Die meiste Zeit versucht er, sich irgendeine Ausrede zu überlegen, um nicht mitmachen zu müssen. Aber er hat schon so viele Strafarbeiten wegen vergessener Sportsachen machen müssen, dass das auch langsam öde wird. Seine Sportnote dankt ihm dieses Verhalten auch nicht gerade.

Als Tim in die Sporthalle kommt, sitzen alle auf der Bank. Nur Lennart und Rosa stehen mit Herrn Faber in der Mitte. Die beiden sollen wohl die Leute für ihre Mannschaften auswählen. Es wird Fußball gespielt. Natürlich wählt Lennart Leon, Noah und Philipp. Als noch ein Platz in ihrer Mannschaft frei ist, hört Tim auf einmal seinen Namen. Leon und Philipp stoßen Lennart an: "Spinnst du, den Fettkloß zu wählen, da verlieren wir ja sogar gegen die Mädchen." Lennart zuckt nur mit den Schultern.

Natürlich hatten sie verloren, gegen die Mädchen. Und natürlich war Tim dafür verantwortlich. Erst rannte er in die falsche Richtung, als Lennart den Ball zu ihm passen wollte. Dann schoss er später so unglücklich eine Gegenspielerin an, dass diese sofort ein Tor für ihre Mannschaft machen konnte. Leon, Noah und Philipp spielten ihm natürlich niemals den Ball zu. Nur Lennart versuchte immer wieder, Tim mit ins Spiel zu bringen. Warum er das bloß tat? Ob er ein schlechtes Gewissen hatte? Die nächste Stunde ist Mathe, das einzig Gute an diesem Tag. Jan, Lennart und er sind die besten in der Klasse. Mathe macht Tim großen Spaß. Endlich etwas, das er kann.

# Kapitel 3

Beim Abendessen ist Tim still und isst kaum. „Hattest du einen schönen Tag, mein Schatz?", fragt seine Mutter. Von wegen, schöner Tag, dachte sich Tim. „Du isst ja gar nichts!", ermahnt sie ihn, als er nur lustlos die Erbsen von einem Tellerrand zum anderen schiebt.

„Ich hab keinen Hunger", erwidert Tim und schiebt den Teller zur Seite. Seine Mutter räumt mit einem Seufzer die Teller ab und Tim verschwindet in seinem Zimmer.

Als er später im Bett liegt, hat er Hunger und ihm ist schlecht. Tim steht noch einmal auf und geht an seine Schultasche. Er holt den Schokoriegel heraus, den er noch von Jans Geburtstag in der Tasche hatte. Er ist schon ganz zerdrückt, aber das ist jetzt egal. Tim macht es sich wieder in seinem Bett bequem und isst den Riegel langsam und genüsslich. Wenn ihn seine Mutter jetzt sehen könnte. Aber nun war alles egal. Er weiß, was gleich auf ihn wartet. Wenn er diesen Traum doch nur verhindern könnte. „Wenn ich nur wüsste", sagt Tim und überlegt.

Die Zauberer tuscheln durcheinander. „Ja, er wird es gleich sagen", ruft der kleine dicke Zauberer zuerst, „Ich weiß es einfach". Sapulius spitzt seine Ohren und schleicht langsam näher an den großen goldenen Spiegel heran. Jetzt horcht er schon seit 150 Jahren den Hilferufen der träumenden Kinder.

Nicht immer war seine Hilfe erfolgreich. Jedes Kind bringt eine andere Stärke mit, um die Angst in seinen Träumen selbst bewältigen zu können. Manche schaffen es ganz ohne die Hilfe der Traumzauberer. Aber anderen brachte Sapulius schon so manche Idee für ein gutes Ende. Mit seiner Hilfe gelingt es den Kindern, ihren Traum zu verändern und somit ihre Angst zu überwinden. Tim hören die Traumzauberer jetzt schon seit Wochen. Das ist nicht unüblich, aber es macht sie ungeduldig. „Pssst, seid doch mal ruhig, ich versteh ja kaum etwas!", zischt der kleine Dicke.

Tim rutscht tief unter die Decke. Es ist kalt, dabei ist es erst Anfang September. Er hat jetzt schon Angst einzuschlafen. Angst vor dem Traum. Angst vor der Angst in seinem Traum. „Wenn ich nur wüsste, was ich dagegen tun kann", flüstert Tim verzweifelt in seine Bettdecke. „Wenn mir nur jemand dabei helfen könnte."

„Er hat es gesagt!", schreit der dicke Zauberer aufgeregt. In der großen Halle herrscht Totenstille. Alle Traumzauberer horchen noch einmal dem Echo des goldenen Spiegels, aus dem immer wieder Tims letzter Satz zu hören ist. Sofort setzt ein hektisches Treiben ein. Wieder reden alle durcheinander. Sapulius zieht seinen Umhang zurecht.

„Ich werde gehen", sagte Jomilius aufgeregt und will zum Traumzaubertor rübergehen. Misalipus hält ihn mit seinem langen Zauberstab auf.

„Nein, Sapulius wird gehen. Er ist für diesen Fall der Richtige!" Jomilius sieht enttäuscht zu Boden, klopft Sapulius jedoch wohlmeinend auf die Schulter, als dieser an ihm vorbei zum Tor geht. Sapulius sieht sich noch einmal in der großen Halle um. Die Traumzauberer haben sich vor ihm versammelt und Misalipus nickt aufmunternd.

Mit einem leisen Knistern ist er verschwunden. Glitzernder Sternenstaub rieselt auf die Stelle, an der Sapulius soeben noch gestanden hat.

Tim wischt sich eine Träne mit dem Zipfel der Bettdecke aus dem Augenwinkel. Sein Zimmer verschwimmt vor seinen Augen. Als Tim sich mit beiden Händen durch die Augen fährt, glaubt er ein seltsames Glitzern zu sehen. Er hört ein leises Knistern und reibt noch einmal. Dann sieht er sich um. „Guten Abend, Tim", sagt Sapulius mit sanfter tiefer Stimme.

Tim schreckt zurück. Was ist das? Wer ist da?

„Ich bin Sapulius", sagt der kleine Zauberer ruhig, als hätte er Tims Gedanken gehört. Tim sieht in die Richtung, aus der die Stimme kommt. Er muss den Kopf nicht weit drehen. Ein kleiner, fast winziger Zauberer sitzt da direkt auf der Decke über seinem Bauch. Tim setzt sich auf. Das Schaukeln der Decke wirft den kleinen Zauberer in eine Kule zwischen Tims Beinen.

„Oh, Entschuldigung", sagt Tim höflich. Er fragt sich, ob es überhaupt angebracht ist, sich zu entschuldigen, wo doch dieser Wicht bei ihm eingedrungen ist. Sapulius rappelt sich wieder hoch und tänzelt elegant über die Deckenberge zurück zu seinem Ausgangspunkt. Jetzt kann Tim den kleinen Zauberer genau betrachten.

Mit seiner winzigen Brille und dem übergroßen Hut sieht es schon ziemlich merkwürdig aus. Der lange Umhang glitzert in einem dunklen Lila und darunter gucken zwei lange spitze Schuhe hervor. Was will der nur hier?

„Ich bin ein Traumzauberer. Du hast mich gerufen", antwortet Sapulius, als hätte er Tims Frage gehört.

„Ich hab dich gerufen?", fragt Tim ungläubig. „Wie hab ich dich denn gerufen?"

Sapulius nimmt seine Brille ab und putzt sie an dem lila Umhang: „Du hast gesagt, dass du gerne wüsstest, was du gegen diesen bösen Traum tun kannst, der dich nun schon seit Wochen quält und dann hast du dir Hilfe gewünscht." Tim bleibt der Mund offen stehen.

Woher weiß der Typ das alles? „Wir Traumzauberer können die Gedanken von Kindern hören, wenn sie Angst vor ihren Träumen haben. Wir hören dich schon seit Wochen, aber erst heute hast du die richtigen Worte gesprochen, um mich zu rufen", beantwortet der kleine Zauberer seine Frage, als hätte er wieder seine Gedanken erraten. Tim schüttelt skeptisch den Kopf.

„Woher wissen Kinder denn, was sie sagen müssen, damit so einer wie du herkommt?"

Der kleine Zauberer stapft auf Tims Bettdecke auf und ab. „Tja, sie wissen es einfach", wiederholt er Misalipus Worte von vorhin. So genau weiß Sapulius das nämlich auch nicht. Manchmal hätte er auch gern etwas nachgeholfen, wenn ein Kind einfach nicht die richtigen Worte finden konnte. Und um ehrlich zu sein, hatte er das auch schon mal getan, aber das ist sein Geheimnis.

„Hast du auch meinen Traum gesehen?", fragt Tim jetzt neugierig weiter.

„Ich weiß von dem Viech und dass es dich verfolgt. Mehr nicht. Wenn unsere Arbeit beginnen soll, musst du mir noch mehr Details erzählen."

Tim schüttelt wieder ungläubig den Kopf: "Unsere Arbeit? Was willst du denn tun? Meinst du etwa, man kann etwas gegen diesen Traum unternehmen?"

Sapulius blickt amüsiert über den Rand seiner Brille. „Natürlich kannst du etwas dagegen tun, genau deshalb bin ich ja hier."

# Kapitel 4

Nachdem Tim Sapulius noch einmal seinen Traum ganz genau beschrieben hat, bleibt der kleine Zauberer stehen. Die ganze Zeit über ist er auf Tims Decke hin und her gelaufen und hat dabei auf dem Bügel seiner Brille gekaut. Das macht Sapulius immer so, wenn er sich konzentrieren muss.

„Welche Farbe hatte der Himmel?", fragte er.

Tim guckt verwirrt. Der Himmel? Keine Ahnung, war da überhaupt ein Himmel? „Ich würde mal sagen dunkel oder so", sagt er aus Verlegenheit. „Es war alles so düster. Nur an das schwarzweiße Schild vom Kiosk kann ich mich genau erinnern, denn in echt ist es gelb." Tim versucht sich jetzt noch einmal genau die Straße vorzustellen, die er sah, wenn er in seinem Traum um die Ecke bog.

Da fällt Tim plötzlich was ganz anderes ein. „Glaubst du, ich träum´ den Mist deshalb, weil diese Idioten mich verfolgen? Es ist alles so ähnlich. Die Straße, die Verfolgung und sogar das Ende von heute." Sapulius kratzt sich jetzt mit dem Bügel seiner Brille am Kopf, als Tim von seinen realen Verfolgern erzählt. „Glaubst du, dass ich erst diese Typen besiegen muss, bevor der Traum verschwindet?"

„Ich glaube, es ist andersherum. Wenn du deinen Traum erst mal besiegt hast, dann verschwinden auch diese Typen!" Sapulius sagt dies mit einer Selbstverständlichkeit, die keine Zweifel zulässt. Auch wenn es sich noch so absurd für Tim anhört.

„Machen wir weiter", sagt der Zauberer, "Was hast du noch gehört?" Tim überlegt. Niemand war da; kein Geräusch; bis auf das Viech.

„Es hat so geröchelt, so laut geatmet. Direkt hinter mir. Sonst nichts." Tim stehen die Haare zu Berge als er sich an das Viech hinter seinem Rücken erinnert. Ihm schaudert es. Dieses Ding ist so wirklich; zu wirklich, findet Tim.

„Ich hab es heute gesehen, echt."

Sapulius reckt die Augenbrauen in die Höhe: "Was meinst du mit echt?", fragt er. Tim überlegt, ob er Sapulius wirklich von seinem Erlebnis erzählen soll. Vielleicht glaubt er ihm nicht oder hält ihn für einen Spinner. Vielleicht geht er auch wieder weg.

„Als die mich heute wieder verfolgt haben, da hab ich sie nicht mehr gesehen, ich meine, die haben sich irgendwie verwandelt. Auf einmal war da diese schwarze Wand und dann dieses Viech. Ganz wirklich war es da in der Straße, die genauso aussah wie in meinem Traum."

Sapulius reißt seine Augen weit auf, sein Gesicht wird irgendwie ganz rot und plötzlich fängt er an zu lachen. Er lacht so laut, dass Tim panisch mit den Händen winkt: "Pscht, sei leise, meine Mutter könnte uns hören", sagt er noch, als er ihre Stimme schon auf der Treppe hört.

„Tim?" Tim guckt erschrocken zu Sapulius. Der setzt sich gerade gemütlich in eine Kule auf Tims Bettdecke. Tim guckt hektisch zwischen ihm und der Tür hin und her. Gleich wird seine Mutter ins Zimmer kommen und ihn sehen. Es klopft und Tims Mutter kommt rein, ohne eine Antwort abzuwarten. „Schatz, ich hab was gehört." Warum versteckt sich Sapulius nicht? Hat er sie nicht gehört? Sapulius streicht in einer sonderbaren Ruhe mit den Fingern durch seinen langen weißen Bart und schaut gedankenverloren an die Zimmerdecke.

Tim guckt abwechselnd zwischen dem kleinen Zauberer und seiner Mutter hin und her. Sie scheint ihn noch nicht gesehen zu haben. „Schläfst du denn noch nicht?"

Tim versucht ganz ruhig zu bleiben: "Ich kann nicht schlafen und hab noch´ne CD gehört." Hektisch nestelt er an seinem CD-Spieler.

„Mach nicht mehr so lange, Schatz", sagt seine Mutter und schließt leise die Tür, als sie den Raum verlässt. Erst als Tim ihre Schritte am Ende der Treppe hört, fragt er leise: „Wieso hat sie dich nicht gesehen?"

Sapulius lächelt ein wenig. „Nur Kinder können uns Traumzauberer sehen", sagt er. Noch so eine Merkwürdigkeit. Aber hilfreich allemal.

„Wieso hast du so gelacht? Glaubst du mir etwa nicht?", fragt Tim enttäuscht. „Ob ich dir nicht glaube?", fragt Sapulius amüsiert, „Ich bin nur so überrascht, dass du schon so weit bist."

Tim ist geschockt. So weit? Was soll das heißen? War es etwa gut, dass dieses Viech ihm in die Wirklichkeit gefolgt ist? Tim ist sich so sicher gewesen, es könne nur bedeuten, dass er völlig den Verstand verliert.

„Tim", sagt Sapulius gütig, „ein neues Bild mit in seinen Traum zu nehmen, erfordert sehr viel Übung. Aber es ist notwendig, um das Traumgeschehen zu verändern. Ein Traumbild jedoch in die Realität zu holen, kommt nur sehr selten vor. Du hast eine besondere Gabe, mein Junge."

Tim sitzt aufrecht in seinem Bett und bekommt den Mund nicht mehr zu. An Schlafen ist jetzt wohl nicht mehr zu denken. Was sagt Sapulius da? Er, Tim, hätte eine besondere

Gabe? Der Zauberer muss sich irren. Er kann unmöglich ihn meinen. Was soll denn das für eine Gabe sein, bei der man ein schwarzes Monster erschafft?

„Du hast den Schlüssel zum Tor der Welten in dir gefunden", sagt Sapulius. „Das ist sehr ungewöhnlich in deinem Alter, vor allem ohne jede Übung."

Tim sieht völlig überfordert aus. Er versteht jetzt gar nichts mehr. Aber Sapulius versteht jede einzelne Frage in Tims Kopf. Deshalb spricht er weiter: "Eigentlich haben die Menschen nur im Schlaf Zutritt zur Welt der Träume. Das Tor schützt die Menschen in ihrem Alltag vor den unkontrollierbaren Dingen ihrer Traumwelt. Du aber kannst das Tor auch ohne Schlaf öffnen und so Bilder hin und her schicken."

„Heißt das etwa, meine Alptraumbilder kommen in die Wirklichkeit? Das ist ja schlimmer als ein Alptraum. Ich kann nicht aufwachen und dieses Viech erwischt mich echt", flüstert Tim panisch.

„Es ist nicht ganz ungefährlich, weil du natürlich irritiert oder panisch werden könntest. Aber denk daran Tim: es sind nur Bilder", antwortet Sapulius ruhig.

„Was soll ich denn jetzt machen?", fragt Tim verzweifelt.

„Erst einmal ganz ruhig werden, damit du gleich schlafen kannst."

Schlafen? Auf gar keinen Fall. Tim will nie wieder schlafen.

„Du musst dich dem Viech stellen, sonst wird es nicht verschwinden", sagt Sapulius ruhig.

Tim fängst an zu zittern: „Ich soll mit dem Ding kämpfen? Es töten, damit es weggeht?"

Sapulius schüttelt leicht den Kopf und überlegt. "Du musst den Feind nicht vernichten, um ihn zu bezwingen."

„Was soll ich denn tun? Ihn zum Kaffee einladen?" Tims Stimme nimmt ein hysterisches Quietschen an.

„Du kannst es verscheuchen, einsperren oder sogar zähmen", sagt Sapulius amüsiert, „Such´ dir was aus."

Tim fällt erschöpft in sein Kissen zurück. Dabei wird der kleine Zauberer erneut in die Kule am Fußende befördert. „Oh, Verzeihung", sagt Tim. Und meint es auch so.

# Kapitel 5

„Leg dich jetzt hin und entspann´ dich, ich helf´ dir beim Einschlafen. Wenn der Traum kommt, versuch´ ganz ruhig zu bleiben. Sobald du das Viech spürst, drehst du dich um." Sapulius sagt das, als ginge es um die Regeln bei einem Brettspiel. Dabei schwingt er seinen Zauberstab wie ein Pendel hin und her.

„Und was soll ich dann machen? Mit ihm reden?", fragt Tim verzweifelt.

„Ja, warum nicht?", antwortet der Zauberer. „Frag es, warum es dich verfolgt!"

Tim will sich noch wehren, aber er wird immer müder. „Und wenn es mich vernichtet?", fragt er verschlafen.

„Tim, es ist nur ein Traum. Wenn es dich vernichtet, wachst du auf und ich bin hier."

„Wartest du auf mich?", fragt Tim hoffnungsvoll.

Sapulius nickt sanftmütig mit dem Kopf. „Wahrscheinlich wachst du auch erst morgen früh auf, weil alles so gut gelaufen ist."

Tim kann seine Augen kaum noch offen halten. Dieser Zauberer macht doch da irgendwas mit seinem Zauberstab, denkt er. „Und wenn es nicht klappt? Dann bist du da, ja?", kann Tim gerade noch sagen, als er auch schon in den Schlaf sinkt.

Es ist windig. Das schwarzweiße Kioskschild quietscht bei jeder Bewegung. Es war noch nie windig in Tims Traum. Jedenfalls konnte er sich bisher nicht daran erinnern. Tim sieht die dunkle Straße vor sich. Langsam geht er weiter. Sein Herz rast, sein Puls schlägt ihm bis in den Kopf. Tim weiß genau, was zu tun ist. Er fängt an zu laufen. Schweiß rinnt ihm am Kopf entlang. Da, das Röcheln. Panik macht sich breit. Tim kann kaum atmen. Er rennt schneller, aber seine Füße kleben wie Kaugummi am Boden fest. Ihm wird schwindelig. Nichts ist mehr da von seinem Vorsatz, sich diesem Viech entgegen zu stellen. Tim wird schlecht und er stolpert. Das Viech hat ihn gleich eingeholt. Er spürt eine Tatze in seinem Rücken. Es greift ihn an. Der Schmerz verbrennt ihm die Haut. Alles wird schwarz.

Als Tim hochschreckt, sieht Sapulius ihm mitleidig entgegen. Er sitzt nun aus Sicherheitsgründen auf dem Nachtisch und lässt seine Füße nach unten baumeln. Die langen spitzen Schuhe reichen fast bis zur Bettkante. „Beim nächsten Mal schaffst du es ganz sicher", sagt Sapulius aufmunternd.

Tim kann kaum atmen. Er ist völlig verschwitzt und zittert am ganzen Körper. „Es hat mich angefallen", stammelt er. „Es wollte mich töten und hat mich fast erwischt."

„Das glaube ich nicht", sagt der Zauberer selbstbewusst. „Die Traumsymbole der Menschen wollen nicht zerstören, sie wollen helfen. Durch die Träume zeigt dir dein Körper, wie du dir selbst helfen kannst, bei Dingen, die dir dein Leben schwer machen. Deine Sorgen und Ängste aus der realen Welt rufen diese Traumsymbole herbei."

Tim ist verwirrt: „Du glaubst dieses Vieh will mir helfen, indem es mich angreift?"

„Vielleicht will es nur deine Aufmerksamkeit", erwidert der Zauberer.

„Glaub´ mir, es hat all meine Aufmerksamkeit." Tim sieht verzweifelt aus.

„Aber du schenkst ihm kaum Beachtung. Vielleicht will es dir was sagen."

„Es hat mich mit seiner Tatze am Rücken erwischt", entgegnet Tim.

„Vielleicht wollte es, dass du dich umdrehst."

„Ja, damit es mir gleich das Gesicht zerfleischen kann", antwortet Tim darauf.

„Oder damit du es dir genau ansehen kannst." Sapulius gibt nicht auf.

„Wozu soll das gut sein?", fragt Tim.

„Vielleicht erkennst du in ihm etwas von dir." Der Zauber lächelt genüsslich.

„Ich bin nicht grausam und furchterregend", verteidigt sich Tim.

„Das vielleicht nicht, aber etwas anderes könntest du in ihm finden. Wir versuchen es morgen noch einmal. Schlaf jetzt, heute kommt es nicht wieder", verspricht Sapulius. Dann verbeugt er sich und schwingt seinen Zauberstab im Kreis über seinem Kopf. Viele winzige glitzernde Sterne puffen aus dem Zauberstab und sinken auf Tims Nachttisch und seine Bettdecke. Es knistert und der kleine Zauberer ist verschwunden. Die kleinen Sternchen zerfallen zu feinem glänzenden Sternenstaub.

Am nächsten Morgen kommt Tim kreidebleich in die Küche. Es ist Mittwoch, seine Mutter muss heute nicht zur Arbeit. „Wie siehst du denn aus? Hast du schlecht geschlafen?", fragt sie.

Tim nimmt sich einen Toast und setzt sich an den Tisch. „Ich hatte einen Alptraum", sagt er nüchtern.

Seine Mutter sieht besorgt zu ihm auf. „Oh, willst du mir davon erzählen?" Nein, eigentlich wollte er das nicht. Aber seine Mutter lässt nicht locker. „Wie lange hast du denn schon Alpträume, mein Schatz?", fragt sie besorgt.

„Seit ein paar Wochen." Tim versucht so wenige Informationen wie möglich preiszugeben. Einerseits, weil er wusste, dass sein Mutter sich nur Sorgen machen würde und andererseits, weil er einfach keine Lust mehr hatte, über diesen Traum nachzudenken. Die letzte Nacht war anstrengend genug. Erst die Begegnung mit Sapulius, dann der Traum, indem er total versagt hatte. Tim wollte nicht noch weiter darüber reden.

Seine Mutter steht plötzlich auf und geht ins Schlafzimmer. Sie kommt mit einem kleinen Päckchen wieder. Das dünne Papier ist schon vergilbt. Tim sieht, wie seine Mutter einen dünnen Holzreifen mit kreuz und quer gesponnenen Fäden auspackt. Daran hängen Federn und Perlen.

„Was ist das denn?", fragt Tim neugierig.

„Das ist ein Traumfänger, mein Schatz. Ich habe ihn noch aus meiner Schulzeit, als ich für ein paar Monate in Amerika war."

„Und wie funktioniert das?", fragt Tim weiter.

„Nach einer Sage der Indianer vom Stamm der Navajo fängt der Traumfänger alle bösen Träume ein. Nur die guten Träume fallen sanft auf dich herab. Die schlechten Träume werden im Netz des Traumfängers gefangen und dort fest gehalten. Erst am Morgen werden sie von den ersten Strahlen der Sonne aufgelöst. Dann verwandelt sich das Bedrohliche der Nacht durch die Sonne in positive Energie und fließt in die Welt."

Tim sieht sich das Ding genauer an. Es ist hübsch, gar nicht kitschig.

„Du kannst ihn dir über das Bett hängen. Er wird dir helfen, ganz bestimmt." Tims Mutter hält ihm den Traumfänger entgegen. Die Federn und Perlen schaukeln langsam hin und her.

„Ja, mal sehen." Tim legt den Traumfänger auf den Küchentisch und will los.

„Ich kann dich heute bringen, ich will noch zu Tante Ulla." Tims Laune hebt sich langsam. Wenigstens ein Morgen ohne Schulweg.

Als Tim an diesem Morgen aus dem Auto seiner Mutter steigt, um zum Eingang der Schule zu gehen, sieht er die Jungs am Kiosk stehen. Sie sind zu dritt. Lennart ist nicht dabei. In der Klasse angekommen, sieht Tim Lennart auf seinem Platz sitzen. Er lächelt ihm entgegen. Tim guckt verstört weg. Wieso ist der plötzlich so freundlich? Frau Baltes, die Mathelehrerin kündigt für übermorgen einen Test an. In der Pause kommt Lennart an seinen Tisch.

„Sollen wir zusammen für den Test lernen?", hört er Lennarts Stimme.

„Ich muss nicht lernen", antwortet Tim unsicher.

„Ja, klar, ich ja auch nicht wirklich, ich dachte nur, wir könnten vielleicht mal was zusammen machen."

Tim traute seinen Ohren kaum. War das vielleicht ein Scherz? Niemals wollte jemand mit ihm was machen. „Äh, ich weiß nicht. Du hängst doch immer mit diesen Typen rum."

Lennart wusste, wen Tim damit meint. „Ach, nee. Die sind ja echt krank. Hab´ mich anfangs nur an die drangehängt, weil sonst irgendwie keiner Bock hatte." Es klingelt zur nächsten Stunde.

Die beiden Jungs verabreden sich für den nächsten Tag zum Mathelernen, obwohl sie beide es nicht nötig gehabt hätten. Aber Tim und Lennart haben eine Gemeinsamkeit und darauf lässt sich vielleicht aufbauen.

„Ach übrigens, danke, dass du mir gestern geholfen hast", sagt Tim noch, bevor er die Klasse an diesem Tag verlässt.

„Kein Problem", entgegnet Lennart.

„Wie hast du mich denn eigentlich gefunden? Du warst doch gar nicht dabei oder?", fragt Tim noch einmal nach.

Lennart blickt zu Boden und stammelt: "Ich war ganz in der Nähe." Es scheint ihm peinlich zu sein. Vielleicht hatte er alles beobachtet.

# Kapitel 6

Als Tim an diesem Abend in sein Zimmer kommt, sieht er den Traumfänger über seinem Bett hängen. Seine Mutter hatte ganze Arbeit geleistet. Es stört ihn nicht weiter und deshalb bleibt er dort hängen. Tim liest im Bett noch etwas aus seinem Lieblingscomic. Plötzlich hört er ein Knistern und feiner Glitzerstaub verteilt sich auf Tims Bettdecke. Sapulius kommt spät, Tim ist schon richtig müde.

„Guten Abend Tim. Wie war dein Tag?" Tim freut sich den kleinen Zauberer wiederzusehen.

„Hallo Sapulius, ganz gut eigentlich." Sein Tag war tatsächlich gut gelaufen. Seine Mutter hatte ihn zur Schule gebracht und so brauchte er nicht an diesen Verrückten vorbei, Sport war ausgefallen und er hatte sich mit Lennart angefreundet.

Sapulius Blick wandert zu dem Traumfänger über Tims Bett. „Oh, wie ich sehe, hast du dir noch mehr Hilfe geholt." Tim ist erstaunt, dass Sapulius wohl wusste, um was es sich bei dem Traumfänger handelt. Aber bei einem Experten für Träume war wohl auch nichts anderes zu erwarten.

„Ja, ähm, meine Mutter hat das Ding hier aufgehängt."

„Es ist schön, in der Not umsorgt zu werden."

„Aber verhindert der Traumfänger nicht meine Alpträume? Was ist, wenn ich jetzt nicht mehr dorthin komme?" Wäre ja auch nicht das Schlimmste, denkt sich Tim leise. Aber Sapulius hört alles.

„Ein Traumfänger kann nur die Träume verhindern, die dir schaden oder dich belasten. In deinem Fall willst du den Traum. Du brauchst den Traum, sonst kannst du dein Problem nicht lösen. Du musst es durchstehen."

Daran erinnert, wird Tim wieder ganz schlecht. „Was, wenn ich es wieder nicht schaffe?", fragt Tim verzweifelt.

„Du schaffst es!" Sapulius sieht ganz zuversichtlich aus. „Ich werde bei dir sein. Du wirst mich nicht sehen, aber du kannst mich hören." Tim war erleichtert. Sapulius würde ihm helfen. Direkt in seinem Traum. Sapulius wedelt langsam mit seinem Zauberstab hin und her. Tim verliert immer mehr die Kontrolle über seinen Körper. Super, diese Einschlafhilfe, ohne die er sich jetzt nie hätte entspannen können.

Tim ist ganz ruhig. Er geht langsam die enge Gasse entlang. Es ist dunkel. Kein Wind, nur ein wenig nebelig ist es. Er sieht das schwarzweiße Kioskschild. Es hängt nur noch an einer Öse. Wäre es windig, würde es von der Stange fallen. Tim geht weiter. Nichts ist zu hören. Vielleicht muss er erst loslaufen, damit das Viech kommt. Er läuft. Der Boden ist hart und kein bisschen klebrig. Er kommt gut voran. Na super, jetzt wo es kommen soll, kommt es nicht. Tim wird nervös. Was ist, wenn er es irgendwie verscheucht hat. Würde das schon reichen? Da hört er etwas. Sofort ist die Angst wieder da. Es kommt näher. Schnell, sehr schnell. Tim rennt so schnell er kann. Er hört das Atmen hinter sich. Da. Sapulius Stimme schreit ihm ins Ohr. „Bleib stehen! Tim, bleib stehen!"

Tim zittert am ganzen Körper. Es ist direkt hinter ihm. Wenn er jetzt stehen bleibt, rennt das Viech ihn doch über den Haufen. Tim bleibt abrupt stehen und kneift die Augen zusammen. Er duckt sich und hält die Hände schützend über dem Kopf.

Nichts passiert. Sein Herz schlägt schnell. „Dreh dich um." Sapulius Stimme ist sanft und aufmunternd. Tim dreht sich langsam um. Er sieht nichts. Es ist weg. Nein. Da hinten leuchten zwei rote Augen. Es ist noch nebeliger geworden. Man kann kaum die Hand vor Augen sehen. Das Viech kommt langsam auf ihn zu. Jetzt kann Tim es zum ersten Mal genau erkennen. Es ist groß und schwarz, weniger grausam als er dachte. Eher muskulös und bedrohlich.

„Frag es, was es will!". Sapulius ist noch bei ihm.

Tim kann den Mund kaum öffnen. „Was willst du von mir?", fragt er stotternd. Das Viech fletscht jetzt die Zähne. Tim erschrickt.

Mit zischender Stimme antwortet das schwarze Tier: "Ich rieche deine Angst. Ich folge ihr überallhin."

„Wo kommst du denn her?", fragt er zitternd.

„Ich bin aus deiner Angst und Unsicherheit erst entstanden. Deine Schwäche und Feigheit hat mich zu dir geführt."

Tim kann nicht glauben, dass er jetzt da steht und mit diesem Viech spricht. Es wird sicher gleich zum Sprung ansetzen. „Aber was willst du von mir? Wieso verfolgst du mich sogar in die Wirklichkeit?", fragt Tim mutig.

Das Viech lacht zischend: "Ja, das ist schon etwas Besonderes für mich gewesen. Du hast das Tor für mich geöffnet. Deine Angst hat mich gerufen. Ich bin ihr gefolgt, bis in die Realität."

Tim ist entsetzt. Hatte er dieses Ding jetzt irgendwie frei gelassen?

„Wenn du keine Angst mehr hast, kann ich dich nicht mehr finden. Schon jetzt merke ich, wie meine Kräfte schwinden. Ich kann dich nicht mehr hinterrücks überfallen, weil du dich bereits umgedreht hast."

„Warum willst du mich denn überfallen?", fragt Tim und wird langsam wütend. Tim merkt, wie seine Angst vor dem Viech nachlässt. Das Viech verschwimmt langsam mit dem Nebel. Es ist kaum noch zu erkennen. Die roten Augen blitzen gefährlich auf.

„Ich bin all das, was du nicht sein kannst", zischt es leise. „Ich kann kaum noch Angst spüren, ich finde keine Nahrung mehr bei dir."

„Dann hau doch ab!", schreit Tim das Viech jetzt an.

„Ich bin ein Teil von dir. Der mutige und starke Teil", flüstert es schwach.

„Das kann nicht sein, ich bin nicht mutig und stark. Du bist bei dem falschen Jungen." Tim will nicht mehr zuhören.

„Sicher nicht, ich lebe von deiner Unsicherheit. Du hast mich ganz tief eingesperrt und lässt mich nicht raus." Das Viech ist kaum noch zu erkennen. Auch seine Augen leuchten nur noch schwach.

„Aber ich habe keinen starken Teil in mir, ich bin nur ich, Tim. Ein totaler Versager."

„Du willst mich nicht sehen.", hört Tim aus dem Nebel.

„Und was habe ich davon, wenn ich dich sehe?"

„Ich bin die Lösung für dein Problem. Nimm mich mit und du kannst deine Feinde besiegen."

Tim ist jetzt ganz ruhig. „Ich dachte du wärst mein Feind."

„Ich bin nicht dein Feind.", flüstert es, „Nimm mich mit!" Tim wird etwas schwindelig. Alles schwimmt vor seinen Augen. Der Nebel löst sich langsam auf. Die Gasse liegt verlassen vor ihm. Das Viech ist verschwunden. Weit in der Ferne hört er ein leises Zischen. "Nimm mich mit!"

In der großen Halle ist ein tosender Applaus zu hören. Alle Zauberer sind aufgestanden und klatschen begeistert Richtung Spiegel. Gemeinsam haben sie Tims Traum auf dem großen Spiegel verfolgt.

„Großartig, einfach großartig", ruft der kleine dicke Zauberer, der am nächsten am Spiegel stand.

„Das war ein voller Erfolg, meinen Herren", meldet sich Misalipus stolz.

„Auf Sapulius ist eben Verlass. Es war genau richtig, ihn zu schicken. Er kennt sich mit den schwierigen Fällen am besten aus.", sagt Jomilius anerkennend. Die Zauberer um ihn herum nicken zustimmend.

„Der kleine Tim hat es jedenfalls geschafft! Dieses Viech wird ihm keine Angst mehr machen." Misalipus schreitet langsam zum Traumtor. Bald wird Sapulius wiederkommen.

# Kapitel 7

Als Tim aufwacht, ist es schon Morgen. Er hat die ganze Nacht durchgeschlafen. An den Traum der letzten Nacht erinnert er sich ganz genau. Das Gespräch mit dem Viech war sehr verwirrend. Tim hat nicht alles verstanden. Wohin z.B. sollte er das Ding mitnehmen? Und die Sache mit der Stärke in ihm kann ja auch nur eine Verwechselung gewesen sein. Aber Tim beschäftigt noch eine andere Frage. Würde Sapulius noch mal wiederkommen?

Am Frühstückstisch wurde Tim schon erwartet. Seine Mutter bereitete ein Müsli für ihn und fragte ganz beiläufig: "Und, wie hast du geschlafen?"

Wenn das mal keine Andeutung auf den Traumfänger war, dachte Tim. „Sehr gut, mein Traum war anders, diesmal irgendwie befreiend." Er grinst in sich hinein. „Na siehst du, ich wusste doch, dass mein alter Traumfänger dir helfen kann." Tims Mutter lächelt zufrieden.

„Ja, hat klasse geholfen, Mama, danke noch mal." Tim musste lachen, als er das Haus verlässt. Wenn Sapulius das gehört hätte. Aber, wer weiß, vielleicht hatte er es ja gehört.

An diesem Morgen geht Tim mit einer besonderen Leichtigkeit aus dem Haus. Als er in die Nähe der Sternstraße kommt, fragt er sich, ob sich für ihn irgendetwas ändern würde. Er sieht die drei Jungs am Kiosk stehen. Lennart war nicht mehr dabei. Die haben wirklich nichts Besseres zu tun, als ihm immer nur aufzulauern. Dass es denen nicht langweilig wird, denkt Tim. Gestern noch hätte er sich vor Angst fast in die Hose gemacht. Irgendwas ist anders. Schließlich hat er heute Nacht dieses Viech vertrieben und das war weit gruseliger als diese Idioten.

Tim beschließt spontan, geradeaus zu gehen. Nur um zu sehen, was passiert. Aus den Augenwinkeln erkennt er, dass Leon, Philipp und Noah ihm folgen. Langsam geht er durch die Fichtengasse. Sie sieht gar nicht mehr aus wie in seinem Traum. Es ist alles viel heller, findet er. Er beginnt zu rennen. Die Jungs hinter ihm.

„He. Fettkloß, haste noch nich genug?" das war Leon. Tim bleibt stehen. Die Jungs kommen näher und überholen ihn. Sie bauen sich vor ihm auf. Tim muss schmunzeln. Dass er vor denen Angst hatte, kann er jetzt kaum noch glauben.

„Was gibt's da zu grinsen, Fleischbacke?", provoziert ihn Philipp. Tim ist jetzt doch etwas aufgeregt. Wenn Philipp auf ihn einschlägt, bleibt nicht viel von ihm übrig. Philipp ist fast einen Kopf größer als er und wesentlich schmaler als Tim ist Philipp auch nicht.

„Was ist mit unserem Geld?", fragt Leon frech. Tim wird nervös. Diese miesen Typen. Das trauen die sich auch nur, weil sie zu dritt sind. Tim wird langsam richtig wütend und das erinnert ihn an letzte Nacht.

Diese Mischung aus Wut und Angst lässt ihn endlich reagieren: "Lasst mich endlich in Ruhe, von mir bekommt ihr nichts." Philipp guckt ihn erst verwundert, dann grimmig an. „Was fällt dir ein?", Philipp schubst Tim ein Stück zurück. Da spürt Tim plötzlich ein heißes Beben in seinem Körper. Er hört eine Stimme, tief in seinem Bauch. Es ist mehr ein Zischen. Es klingt wie: "Nimm mich!" Tim guckt böse in Philipps Richtung. Da ist wieder die Stimme: „Benutz mich!", raunt sie ihm zu. Tim kann sich nur auf Philipp konzentrieren, der völlig perplex da steht und sich nicht rührt.

„Seine Augen", sagt Philipp nur. Die andern gucken angewidert, fast erstarrt in seine Richtung. Tim spürt die Hitze in seinem Gesicht. Sein ganzer Körper beginnt zu zittern. „Aaaaah", schreit Leon los und rennt Richtung Schule davon. Auch Philipp und Noah starren verängstigt in Tims Gesicht und rennen dann weg.

Tim spürt, wie die Hitze in ihm nachlässt. Er beruhigt sich langsam und kann kaum glauben, was eben passiert ist. War es so einfach? Hat er sie jetzt durch seine Wut im Bauch verschreckt? Aber was hat Philipp damit gemeint, dass irgendwas mit seinen Augen passiert ist?

Tim geht weiter bis zur Schule. In der Klasse angekommen hört er schon vom Flur aus wildes Getuschel. Philipp, Leon und Noah stehen in einem kleinen Kreis mit andern zusammen und berichten heftig gestikulierend ihr Erlebnis von vorhin. „Und dann hat er so glühende rote Augen bekommen", sagt Leon. Die andern lachen.

„Nein, ehrlich jetzt", verteidigt auch Philipp die Geschichte. „Und sein Gesicht war so dunkel, fast schwarz", wieder lachen die Umstehenden. „Es ist wahr. Ich schwöre. Der ist voll der Freak."

Philipp und Leon sehen Tim erschrocken an. Tim geht grinsend zu seinem Tisch. Er lächelt Lennart kurz zu. Der nickt amüsiert zurück. „Na, da haste der Bande ja 'nen riesen Schreck eingejagt, Dracula", platzt Jan heraus und klopft Tim anerkennend auf die Schulter.

Noah, Leon und Philipp setzen sich wütend auf ihre Plätze, als Frau Weiland den Raum betritt. Tim grübelt noch etwas über ihre Worte nach. Kann es sein, dass das Viech ihm geholfen hat? Hat er es gerufen? Sind seine eigenen Augen tatsächlich glühend rot geworden? Tim schmunzelt noch den Rest der Stunde über dieses Erlebnis.

Am Nachmittag trifft Tim sich mit Lennart zum Mathe Lernen. Der fragt ihn erst mal nach dem Schock-Erlebnis der drei Jungs.

„Sei froh, dass du nicht dabei warst", sagt Tim verschwörerisch.

„Na wenn, dann nur noch auf deiner Seite", erwidert Lennart lachend und stößt Tim freundschaftlich in die Seite.

„Na, dann kann dir ja nix passieren." Beide lachen noch über die dummen Gesichter der drei Jungs. Vielleicht erzählt er Lennart mal die ganze Geschichte. Aber ob er ihm das jemals glauben würde?

# Kapitel 8

Am Abend, als Tim in seinem Bett liegt, knistert es leise in der Luft. Sapulius kommt tatsächlich noch einmal. „Na? Wie war dein Tag?", fragt er, als wüsste er genau, wie er war. Tim grinst zufrieden und sieht den kleinen Zauberer dankbar an.

„Ohne dich hätte ich es nicht geschafft", sagt er sicher.

Sapulius sieht über den Rand seiner Brille und entgegnete: "Natürlich hättest du das. Es hätte vielleicht etwas länger gedauert, aber du hättest es geschafft."

„Wieso bist du dir da so sicher?", fragt Tim nach.

„Tim, du hast eine besondere Begabung. Hast du das noch nicht bemerkt? Nicht jedem vermag es gelingen, sein Traumbild mit in die Wirklichkeit zu nehmen. Du bist so stark und bereits so weit gekommen, dass dich letztendlich niemand mehr hätte davon abhalten können, deinen Weg einzuschlagen."

„Und was ist mein Weg?" Tim ist zufrieden, aber zugleich auch verunsichert.

Sapulius wischt leicht mit einer Mantelecke über die Spitze seines linken Zauberschuhs. „Du hast ihn bereits gewählt. Gefällt er dir nicht mehr, wirst du einen anderen Weg nehmen. Du hast die Kraft, es zu ändern."

Tim kann nicht glauben, dass er jetzt allein weiter gehen soll. „Du bist nicht allein, du hast einen Freund und deine Familie, die dich unterstützen. Und du hast einen Traumfänger", antwortet Sapulius, als hätte Tim laut gesprochen und zeigt lachend nach oben.

„Ich bin glücklich, dir auf einem Stück deines Weges hilfreich gewesen zu sein."

„Aber was, wenn es wieder kommt?" Tim spürt, dass der Traumzauberer sich verabschieden will. Er will Sapulius nicht gehen lassen.

„Du wirst es bezwingen, wie du es bereits getan hast. Wenn du Hilfe brauchst, kannst du auch einen Traumzauberer rufen." Bei seinem letzten Satz zwinkert er Tim zu und hebt seinen Zauberstab.

„Vielen Dank, Sapulius", ruft Tim noch schnell.

Der kleine Zauberer lächelt Tim zu und knisternd fällt glitzernder Sternenstaub auf Tims Bettdecke. Der Traumzauberer ist verschwunden.

Als wenig später Tims Mutter die Tür einen Spalt öffnet, um nach ihm zu sehen, schläft Tim bereits tief und fest. Der Traumfänger hängt ruhig über ihm. Sie ist glücklich,

als sie sieht, wie friedlich er schläft. Tims
Mutter blickt verwundert zu Tims Bettdecke,
die an einer kleinen Stelle so merkwürdig
glitzert.

\*\*\*